# NOTICE HISTORIQUE

SUR

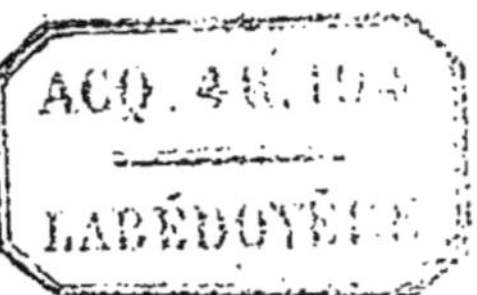

## M. JEAN-ANTOINE JONQUET,

Docteur en médecine, chirurgien en chef de l'Hôtel-Dieu St. André, chirurgien de l'Amirauté, membre de la Société des sciences et de médecine de Bordeaux ;

### Par M. JOSEPH BACQUÉ,

Docteur en médecine, chirurgien en chef de l'Hôtel-Dieu St. André de Bordeaux, membre du ci-devant collège de chirurgie et de la Société de médecine de la même ville, correspondant de la Société de médecine pratique de Montpellier.

———————

## A BORDEAUX,

DE L'IMPRIMERIE DE RACLE,

RUE SAINTE-CATHERINE, N°. 74.

1806.

# NOTICE HISTORIQUE

SUR

## M. JEAN-ANTOINE JONQUET.

Rappeler la perte d'un confrère, d'un ami, de mon prédécesseur dans l'hôpital Saint-André, c'est offrir à une famille en pleurs, le tableau de la vie de celui pour qui elle a versé tant de larmes, qui se mêlent encore avec celles des personnes qui l'ont bien connu.

L'estime et l'amitié qui m'unissoient à feu M. Jonquet, le service important qu'il m'avoit rendu, en m'arrachant des bords du tombeau, par des soins assidus, dans une maladie dont je fus atteint lors de la terrible épidémie qui ravageoit l'armée des Pyrénées occidentales, où je servois en

( 2 )

qualité de chirurgien de première classe,
me font un devoir de consacrer à sa mémoire cette notice historique (1), pour la-
quelle je réclame l'indulgence du lecteur.

JEAN-ANTOINE JONQUET naquit à Arles en
Provence, le 22 Juillet 1769, de Charles
Jonquet, chirurgien-major de l'hôpital de
cette ville, et de Marguerite Bontoux.

IL fit de très-bonnes études, et son père le
destina à la chirurgie. A l'âge de dix-sept ans,
après avoir soutenu ses thèses de philosophie,
il alla chercher des connoissances plus né-
cessaires à l'humanité, dans la célèbre uni-
versité de Montpellier. Il y prit le grade de
maître ès arts, en 1788, et mérita, en 1789,
la première médaille d'or donnée par l'école
pratique, fondée dans cette ville en 1767,
par M. Houstet, à l'instar de celle de Paris.

IL partit bientôt après pour Paris, où il

_______________

(1) J'avois déjà formé le projet de la faire paroître, avant
d'avoir connoissance de l'éloge fait par M. Guillié.

étudia la chirurgie, sous MM. Désault, Pelletan et Boyer; et la médecine, sous M. Corvisart, qui commentoit alors publiquement les aphorismes de Stoll.

M. Désault, dont le nom ne périra jamais, vouloit retenir M. ANTOINE JONQUET auprès de lui, avec M. Manoury. Je dois à la mémoire de ce dernier un juste tribut de gratitude, pour m'avoir dirigé dans mes exercices à l'école pratique de Paris, où j'étois élève en 1786, lorsqu'il étoit adjoint à MM. Suë fils, Andravi, Lhéritier et Pétibeau, professeurs dans cette école célèbre; et c'est à leurs savantes leçons que j'ai dû l'avantage d'avoir remporté au concours la quatrième médaille d'or.

M. Manoury resta avec M. Désault, et M. JONQUET refusa les offres de ce fameux chirurgien, pour obéir à son père, qui avoit besoin de lui pour le remplacer, et qui l'attendoit pour lui céder sa place dans l'hôpital qu'il desservoit depuis vingt-deux ans.

Ces deux hommes, qui auroient illustré la médecine, s'ils avoient vécu plus long-temps, sont morts tous deux à la fleur de leur âge, victimes d'une maladie de poitrine à peu près semblable, suite de leurs études et de leurs travaux anatomiques.

Revenu à Arles, au commencement de 1791, il fit les plus grandes opérations de la chirurgie. Les extirpations de cancers au sein, les amputations de membres, la cataracte, la taille, furent ses premiers essais. Les cinq malades que l'on avoit confiés à ses soins, rentrèrent dans le sein de leurs familles, parfaitement guéris.

M. Jonquet, habile anatomiste (1), excellent chirurgien, avoit eu le bonheur de recevoir de la nature une dextérité dans

_______________

(1) Il avoit beaucoup travaillé sur l'oreille interne. Il y avoit fait quelques découvertes, qu'il s'étoit proposé de faire connoître; mais ayant perdu ces pièces à l'armée, il avoit renoncé à les publier.

les mains, que l'on trouve trop rarement. C'est cette dernière qualité qui lui donnoit cette adresse, cette légèreté, cette promptitude que l'on admiroit tant quand il opéroit ; mais c'étoit à sa science qu'il devoit sa tranquillité, son sang froid pendant l'opération. S'il étoit, comme le recommande Celse, *animi immisericors*, sa douceur, sa patience faisoient supporter au malade et aux assistants la cruelle vertu qu'il étoit obligé d'avoir. Mais qu'elle étoit loin de son cœur ! qu'il payoit cher la victoire qu'il avoit remportée sur lui-même ! Il éprouvoit des accidents nerveux toutes les fois qu'il étoit obligé de faire une opération majeure.

Les troubles du midi de la France l'obligèrent de quitter le pays qui l'avoit vu naître. Un de ses amis chercha alors à l'attirer à Maroc, auprès du roi, qui désiroit un chirurgien Français ; mais il préféra demeurer en France, et consacrer ses talents à sa patrie.

Au mois de Septembre 1792, ayant appris que la place de premier chirurgien de l'intérieur de l'hôpital St. André, connue autrefois sous le nom de gagnant-maîtrise, avoit été annoncée au concours, il se rendit à Bordeaux, pour la disputer. Sans protection, sans autre appui que ses talents, il se présenta au concours le troisième jour après son arrivée, et il fut nommé premier chirurgien de l'intérieur de l'hôpital St. André.

En 1793, il demanda et obtint du bureau d'administration de l'hôpital, la permission de se faire remplacer par Charles Jonquet (1) son père, pendant son séjour à l'armée des Pyrénées occidentales, où il fut employé en qualité de chirurgien de

___

(1) Charles Jonquet, natif de Cabrières, dans le bas Languedoc, après avoir étudié à Montpellier, à Paris, et fait trois campagnes, en qualité de chirurgien sous-aide-major, dans la guerre de sept ans, devint l'élève de M. Pamard, fameux chirurgien d'Avignon. Les consuls de la ville d'Arles, en Provence, ayant prié M. Pamard de leur choisir un chirurgien qui pût remplir avec honneur l'emploi de chirurgien-major

première classe. Quelques jours après son arrivée au quartier-général, il fut placé dans les hôpitaux de première ligne, jusqu'à la fin de la guerre.

M. Jonquet eut le plus grand succès dans le traitement des plaies d'armes à feu. Il employoit peu la méthode des amputations, et il guérit un grand nombre de fractures de jambes et de cuisses, par le traitement simple.

C'est à Saint-Jean Pied-de-Port, où il dirigeoit le service de l'hôpital, qu'il eut le

---

de cette ville, celui-ci leur indiqua son élève. En conséquence, MM. les consuls l'invitèrent à se rendre à Arles ; et lui ayant donné quelques sujets à opérer, satisfaits de son habileté, ils le nommèrent chirurgien-major, et se l'attachèrent plus particulièrement, par une pension à vie qu'ils lui accordèrent. Il fit le service de cet hôpital pendant vingt-quatre ans ; mais ayant été dénoncé comme suspect, il vint à Bordeaux en 1793, où il remplit provisoirement la place de gagnant-maîtrise à l'hôpital St. André. Il y mourut le 9 Pluviôse de l'an 3, d'une fièvre pituiteuse qui régnoit épidémiquement à l'armée des Pyrénées occidentales, et qui s'étoit propagée jusqu'à Bordeaux.

bonheur de connoître M. Victor Broussonnet, alors médecin de l'armée, aujour-
d'hui professeur de clinique interne à l'école
de médecine de Montpellier. Il s'établit entre
eux une amitié qui ne devoit finir, et qui
ne finit en effet qu'avec la vie de l'un d'eux.

Une épidémie générale moissonnoit l'armée Française et les pays qu'elle occupoit;
M. Jonquet en fut atteint un des premiers.
M. Broussonnet ne le quitta point, et lui
sauva la vie. Cet estimable professeur con-
courut puissamment à conserver la mienne :
je saisis cette occasion pour lui témoigner
ma plus vive reconnoissance.

Ces deux amis eurent le plus grand succès
dans le traitement de cette fièvre.

Les deux hôpitaux qu'ils dirigeoient, de-
vinrent l'asile de la plupart des officiers de
santé de l'armée qui étoient malades ; et un
grand nombre furent guéris par les secours
sagement administrés de ces deux praticiens.

La paix ayant été faite, en l'an 3, avec l'Espagne, M. Jonquet demanda et obtint de revenir à Bordeaux, où il reprit l'exercice de premier chirurgien de l'intérieur de l'hôpital. Il y démontra et enseigna successivement l'anatomie, les opérations de chirurgie et les maladies vénériennes. Sa méthode et la clarté de ses leçons lui assurèrent l'amour de ses élèves, et l'estime de ses confrères.

Après les ouvrages d'Hippocrate, ceux qu'il étudia le plus, furent Rivière de Montpellier, et Stoll : il savoit par cœur les aphorismes de ce dernier, et croyoit qu'on ne pouvoit assez les étudier.

C'est aussi pendant ce temps qu'il jeta les premiers fondements d'un traité sur les cancers et les maladies cancéreuses. Il est difficile de concevoir comment il a pu autant écrire sur cette matière, surtout lorsqu'on pense qu'il ne négligeoit aucune des fonctions de la pratique de son art. Sa dissertation sur le cancer, de 89 pages in-4°, fruit de six mois d'un travail unique et continuel, est un ouvrage que l'école de Montpellier a jugé digne de vivre, et ce n'est pourtant qu'une esquisse de son traité.

Il avoit déjà vu plus de deux cents cancers ou maladies cancéreuses; il avoit fait, sur chacun de ces cas, les notes les plus étendues et les plus importantes.

Il avoit aussi colligé toutes les observations de maladies cancéreuses qu'il avoit trouvées éparses dans les auteurs qu'il connoissoit; il espéroit, si le ciel lui accordoit une longue vie, de commenter ces observations, et d'en appuyer sa doctrine principale, en prouvant que tout ce qui paroissoit avoir réussi, appartenoit à sa méthode de traiter le cancer, et que tous les remèdes qui avoient paru inutiles ou dangereux, étoient justement ceux qui étoient en opposition avec son sentiment.

Sa théorie étoit appuyée sur l'excès de

nutrition et la réplétion de divers systêmes, et notamment du systême veineux abdominal, et du systême reproducteur.

Il quitta la place de premier chirurgien de l'hôpital au commencement de l'an 9; il eut le plaisir de voir que son frère, son élève, étoit jugé digne de lui succéder.

Il épousa, trois mois après, mademoiselle Brunaud, fille d'un estimable négociant de cette ville. Il trouva dans cette union tout le bonheur qu'il pouvoit désirer, et il eût été plus complet, s'il eût pu voir grandir trois filles à qui il avoit donné le jour.

En l'an 11, il fit le voyage de Montpellier, pour prendre le grade de docteur en médecine dans cette célèbre école.

En l'an 12, il fut nommé adjoint au chirurgien-major de l'hôpital Saint-André, et chirurgien-major en titre, le 7 Thermidor an 13.

Tous ses amis et ses parents lui représentèrent qu'il étoit hors d'état d'exercer de si pénibles fonctions; mais il persista dans son projet, il accepta. Il y fut décidé surtout par l'espoir d'être utile, et pour se confirmer, par l'expérience et l'observation, dans l'idée qu'il avoit que les ulcères cancéreux avoient beaucoup d'analogie avec les ulcères frappés de gangrène grise, plus connue sous le nom de *pourriture d'hôpital*.

Au mois de Thermidor de l'an 13, il se manifesta, à Bordeaux, une épidémie dangereuse; M. Jonquet, voyant un grand nombre de malades, connut bientôt que c'étoit la fièvre insidieuse, la pernicieuse ou l'ataxique des auteurs. Il employa contre elle le spécifique connu, le quinquina, et il m'a dit plusieurs fois l'avoir employé, sur environ trois cents malades, avec le plus grand succès.

M. Jonquet se livra à toute l'étendue de sa pratique : quoique fatigué par des courses multipliées, il faisoit exactement son service à l'hôpital, et c'est là qu'il trouva les causes occasionnelles de sa mort.

Un jour il examina de trop près un ulcère frappé de gangrène grise; les exhalaisons fétides qui s'en élevèrent, lui donnèrent des étouffements et des envies de vomir.

Dès ce moment il fut forcé de cesser les fonctions de son état; et le 13 Vendémiaire an 14, il me chargea du service dans l'hôpital.

Depuis long-temps il portoit le germe d'une maladie mortelle; et les médecins les plus instruits n'ont pas été d'accord sur la nature de cette affection. Les uns l'ont regardée comme une phthisie inflammatoire chronique; d'autres, comme une phthisie pituiteuse; quelques-uns craignoient que ce ne fût l'effet des varices des vaisseaux veineux, qui rampent sur la surface externe du poumon; quelques médecins croyoient à l'existence de tubercules dans le poumon; d'autres, enfin, supposoient plusieurs de ces causes réunies.

Les divers accidents qu'il éprouvoit, le faisoient pencher tour à tour vers chacune de ces opinions : mais ce fut en vain qu'il chercha dans les modernes la description et le traitement d'une affection semblable ; il crut cependant l'avoir trouvée dans Hippocrate (1).

M. Dumas (2), venu à Bordeaux pour présider le juri médical de la Gironde, lui donna des soins et les remèdes que la médecine peut opposer à cette cruelle maladie. Il en retira beaucoup de fruit ; et, après un séjour de deux mois à la campagne, il revint à Bordeaux. Son frère lui conseilla en

_______________

(1). *Lib. II, de morbis*, pag. 73, art. 47, tom. 2, édition de J. A. Vander-Linden, *Lugduni Batavorum*, 1665.

(2) Professeur d'anatomie, de physiologie et de médecine clinique pour les maladies réputées incurables, à l'école de Montpellier. Il a donné au public la traduction de l'ouvrage anglais de Reid, sur la phthisie pulmonaire ; il a enrichi le texte de notes très-intéressantes ; et fixant les cas où le traitement de Reid est admissible, il a étendu le cercle des remèdes que la médecine peut opposer pour combattre cette maladie.

vain de profiter de cette lueur de bien, et de partir pour Montpellier, pour y respirer en quelque sorte l'air natal, et y rétablir sa santé ; au lieu d'effectuer ce projet, il se décida à passer l'hiver à Bordeaux, et négligeant les plus simples précautions, il continua de se livrer à la pratique de son art.

M. Jonquet étoit naturellement gai ; mais les malheurs qu'il avoit éprouvés pendant la révolution, les études constantes, la lecture des ouvrages des médecins anciens et modernes, l'avoient rendu sérieux et un peu triste. Il n'aimoit pas à ouvrir la conversation ; mais lorsqu'on lui parloit de son art, on le voyoit s'exprimer avec facilité.

Le Ministre de l'intérieur, ayant demandé des renseignements positifs sur la nature de la fièvre qui avoit régné épidémiquement à Bordeaux, pendant l'été et l'automne de 1805, M. le Préfet engagea la Société de médecine de lui fournir un mémoire à ce sujet. Une commission nommée par cette

Société, chargea de ce travail M. Jonquet, un de ses membres. Il s'y livra avec d'autant plus d'activité, qu'il avoit eu occasion de voir un grand nombre de malades atteints de cette épidémie, et qu'il pouvoit se flatter d'avoir employé contre elle le traitement le plus convenable.

Il crut que ce seroit rendre un service à la médecine, et notamment à la ville de Bordeaux, de décrire une épidémie qui lui avoit été si funeste. Ce travail étoit d'autant plus intéressant que, d'après les probabilités, Bordeaux a été souvent ravagé par de pareilles épidémies ; et cependant on n'en trouve aucune trace dans les auteurs.

M. Jonquet lut son mémoire à la commission ; il fut délibéré que l'on en feroit parvenir à S. E. le Ministre, la première partie qui traite des causes prédisposantes et occasionnelles de cette maladie.

Il est à présumer que l'excès du travail

du cabinet détermina le vomissement de sang qu'il éprouva le 23 Décembre 1805. Le 19 Janvier 1806, il eut une nouvelle hémorragie, et perdit environ deux livres de sang. Après cet accident, il resta pendant deux heures dans un état voisin de la mort. Il vécut encore vingt-cinq jours, et pendant ce long espace de temps, il donna l'exemple de la patience, de la résignation et du courage. Il avoit placé sa confiance en Dieu; il montra les plus grands sentiments de piété et de religion; il exhortoit son épouse et son frère à supporter avec courage le funeste évènement de sa perte. Il parloit avec sang froid de sa mort; et lorsque MM. Lamothe et Capelle vinrent, le 12 Février à midi, lui témoigner toute la part que la Société de médecine prenoit à ses maux, il leur parla avec calme de sa fin prochaine, les remercia de leurs soins, et leur dit que ce seroit pour la dernière fois qu'il les verroit.

En effet, le sommeil qui l'avoit abandonné depuis quatre jours, et qu'il redoutoit, s'empara de lui vers le soir. Ses sens s'affoiblirent; il perdit connoissance, et expira, le 13 Février 1806, à midi et demi, entre les bras de son frère, qui ne voulut le quitter qu'après lui avoir fermé les yeux.

Il s'étoit occupé dans ses derniers instants de ce qui regardoit la cérémonie funèbre qui devoit lui être faite. Il recommanda à son frère que son enterrement se fît sans éclat et sans pompe, et que personne n'y fût invité, ne voulant pas, disoit-il, donner à ses amis la douleur de le suivre jusqu'à la dernière place qu'il devoit occuper. M. Maurice Jonquet crut devoir exécuter la recommandation qui lui avoit été faite, et respecta entièrement la dernière volonté de son frère.

M. Jonquet fut bon fils, bon frère, bon époux, bon père et bon ami.

Son père, mort en 1794, avoit laissé trois

enfants, dont le plus âgé n'avoit que dix-sept ans. Il leur tint lieu de père, leur fournit les moyens de cultiver les arts, et ne cessa jamais de leur donner des preuves du plus grand attachement et de la plus sincère amitié.

M. Jonquet a joui d'une grande réputation, et a eu le plus grand succès dans la pratique de son art. Ses confrères apprécioient beaucoup ses avis, et quelques-uns même le faisoient appeler lorsqu'ils étoient malades.

Il étoit très-réservé dans le pronostic des maladies, et admirable dans ses prédictions. Il est à remarquer que dans les consultations, il entroit rarement dans le détail des signes et des causes. Il généralisoit les principaux faits, et étoit laconique dans le traitement. J'ai toujours cru que cette manière tenoit à sa modestie et à sa délicatesse à ne pas vouloir paroître tout expliquer.

LL employoit peu de remèdes, et croyoit que la richesse de nos pharmacopées étoit un obstacle à la perfection de la médecine. Sa longue pratique dans les hôpitaux l'avoit confirmé dans son opinion.

LES pauvres, au service desquels il avoit, pour ainsi dire, passé sa vie, ne l'imploroient jamais en vain. Il les aidoit de ses conseils, et les visitoit quelquefois même avec plus d'exactitude que les riches. Enfin, tout le monde sait que l'intérêt ne fut jamais son guide, et que sa plus grande ambition fut celle d'être utile.

M. JONQUET eut des amis : il méritoit d'en avoir. Il vécut trop peu pour l'art, et ne connut jamais la jalousie ni l'inimitié.